Lee Dong-Soon

시인 이동순

이동순 시집

# 발견의 기쁨

시학
Poetics

## 차 례

■ 후기

■ 작품 시평 | 김재홍


## 제1부

노을　15
보금자리　16
저녁의 평화　18
초원의 밤　19
이른 아침　20
떠오르는 해　22
아름다운 시간　23
풍경화　24
대초원 길　25
흔적　27
빈 들판　28
유목민　29
대초원에서　31
작은 소동　32
아침 들판　33
길　34
들판　35
들판에서　36
저 들판은 누가 차지하는가　37

## 제2부

말을 타고　41
묶인 말　43
말떼와 더불어　45
망아지　46
말　47
내 말이 몽골에 있다　48
여름나기　50
사랑이라는 것　51
말 탄 처녀　52
몽골 소년　53
발견의 기쁨　54

## 제3부

| | |
|---|---|
| 돌비 | 57 |
| 돌 거북 | 58 |
| 구름의 품에 안기다 | 59 |
| 내 자전거 | 60 |
| 죽은 소의 해골 앞에서 | 61 |
| 하늘 호수 | 62 |
| 자작나무에 관한 사색 | 63 |
| 고슴도치 | 65 |
| 연분홍 사연 | 66 |
| 매발톱 | 67 |
| 야생화 | 68 |
| 독수리 | 69 |
| 거울 | 70 |
| 수묵화 | 71 |

## 제4부

세 꼬마　　75
게르 풍경　　76
세상에서 가장 맛있는 우유　　78
허더아랄　　80
별은 왜 뜨는가　　81
바람과 주인　　82
간소한 살림　　84
몽골 주막집　　85
길목 식당　　86
시장 풍경　　87
몽골 사람들　　88
디스코 바　　89

## 제5부

언덕길　93
손님　94
석인상　96
낮잠　97
아침 식사　98
석상　99
법당에서　100
신선도　101
동승童僧　102

제1부

# 노을

저녁 해는
무엇이 저리도 미진해서
산 너머로 곧장 넘어가지 못하고
이 짧은 시간
온 하늘을 황금 햇살로 물들이고 있는가

이 비장한 때
구름도 맑은 호수도
바람에 쏠리는 언덕의 물풀도
물 위에 앉아서 가만히 고개 숙인 새들도
온통 황금빛 기도를 바치고 있다

그 순간
물결이 나직하게 속삭인다
모든 것은 저렇게
마지막에 이르러 비로소
그동안 참아 온 제 가슴 열어 보이는 게야

## 보금자리


망망한 대초원에
두루미 두 마리 내려앉았습니다
이제 빈 들판은
두루미 두 마리로 가득합니다
녀석들이 책임지고 꾸려가야 할 들판입니다
얼굴과 목이 검고
깃털이 하얀 저 두루미는
들판 한 구석에 쪼그리고 앉아 알을 낳았습니다
이윽고 밤이 되자
두루미 두 마리는 무성한
풀더미 속으로 숨어들었습니다
캄캄한 어둠 속에서
두루미 두 마리는 긴 목을 마주 겯고
서로의 날갯죽지에
머리를 박고 잠이 듭니다
오, 포근한 보금자리
녀석들의 다리 밑엔 따뜻한 알이
콜콜 잠들어 있습니다

들판엔 머지않아
밝은 두루미의 세상이 오겠지요

## 저녁의 평화

녀석은
풀을 뜯다가
곁눈질로 나를 본다
나는 풀밭에 잠시 자전거를 눕혀 놓고
쪼그리고 앉아서
녀석을 본다
우리는 이 시간
대초원의 한 곳에 같이 있다
나에겐 다만 그것이 중요할 뿐이다
녀석은 숱 많은 꼬리를 좌우로 흔들어
바람을 휘젓는다
조용한 저녁 시간에
녀석이 풀 씹는 소리가 사각사각 들린다
짙은 갈색 말 등으로
어둠이 내린다
멀리 작은 게르들도
저녁의 평화 속으로 잠겨든다

# 초원의 밤

날은 저물고
보름달은 둥실 떠올랐는데
갑자기 발굽 소리 요란히 들린다
저 말들은 어딜 갔다가
이제사 빠른 걸음으로 서둘러 돌아가는가
다리 짧은 망아지는
어미를 뒤쫓느라 거의 뜀박질
낮 동안 풀잎 뒤에 숨었던 반딧불이 녀석들이
꽁무니에 노란 불을 밝힐 때
호수 건너편 마을에도
희미한 등불이 반짝 켜진다
풀숲의 벌레 소리가
유난히 크게 들려오는
초원의 밤

# 이른 아침

이른 아침
자전거를 타고 대초원을 달리는데
어디서 나타났는지
늑대만한 몽골 개 한 마리
컹컹 짖으며 달려온다
나는 너무도 놀라서 오금을 못 편다
개야 저리 가렴
난 너랑 같이 놀 틈이 없단다
찬란한 햇살이 대초원을 금빛으로 물들이는데
나는 개와 마주 보고
팽팽한 긴장으로 서 있다
이리 온
내가 부드러운 목소리로 부르자
뜻밖에도 개는
슬금슬금 다가와 이마를 들이밀었다
그런 녀석의 이마를
다정하게 쓰다듬으며 나는 말했다
네가 심심해서

그렇게 달려왔었구나
난 그것도 모르고 공연히 너를 경계했었지
오늘따라 황금빛 아침 햇살이
더욱 아름답게 느껴졌다

# 떠오르는 해

아침 햇살이
온 누리에 비칩니다
햇살은 부챗살처럼 자신의 몸을 펼쳐서
있던 자리를 떠나기 싫어하는
어둠을 쓸어냅니다
새로운 하루가 시작되는
벅찬 기쁨과 감격이 고동쳐 옵니다
풀숲의 새들이 나래 치고
풀잎 끝에 매달린 이슬방울도
떠날 준비를 합니다
천막집엔 연기가 모락모락 피어오르고
두툼한 갈색 옷을 입은 사내는
말 위에 앉아
먼 길 떠나려 합니다
잠시 후
사내의 모습은
대초원 저 끝으로 잠겨들어
작은 점으로 보입니다
말발굽 소리만 아련히 들립니다

# 아름다운 시간

대초원 길을
자전거로 달리다가 지쳐서
나는 그늘을 찾아 두리번거렸다
하지만 나무 한 그루
보이지 않고
오직 양털을 가득 실은 화물차 하나
들판 한가운데 세워져 있었다
나는 차 그늘에 앉아
내가 달려온 대초원 길을 돌아다보았다
바로 옆에 인가가 두엇 보였으나
전혀 인적이 없었다
개 한 마리 흘끔거리며 지나가고
얼굴에 버짐이 핀
계집아이 하나가 다가와 섰다
서양 배우의 얼굴이 그려진 셔츠에
구멍이 송송 뚫려서
속살 다 보인다

# 풍경화


흙과
작은 풀꽃들과
흘러가는 바람과 구름더미
한 번씩 콧김 푸르르 내뱉는 말떼

그 밖에
아무 소리도 들리지 않는 곳에
무연히 흘러가는 대초원
푸른 하늘 끝자락과 아득히 맞닿은 그 아래로
가물가물 보이는 천막집

물끄러미 먼 곳을 바라보는 어린아이
그 아이 등뒤로 뉘엿뉘엿
해가 떨어지는
지평선

# 대초원 길


들판을
기어가는 뱀처럼
길은 구불구불 놓여 있다
풀과 돌 사이를 비집고 흘러가는 강처럼
길은 저절로 휘어져
풀밭에 이리저리 뒤척인다

예로부터 얼마나 많은 인간들이
저 대초원 길을 따라
하염없이 걷고
말달리며 살아갔던 것인가
이 길을 걸어간
그 많은 영웅과 호걸 모두 어디로 갔나

오늘도 길은
밤에 별을 보며 나아가던 사람들
혹은 제 갈피를 못 잡고
터벅터벅 헤매는 사람의 갈 곳을 일러 주느라

저 들판 지평선 너머로 온종일
숨 가쁘게 달려가고 있다

# 흔적

길도 없는
대초원을 달린다
내가 헤쳐 가는 곳이 곧 길이다
호숫가 풀밭 틈에
웬 난파선 같은 물체가 보인다
가까이 다가가 보니
아, 그것은 죽은 소의 늑골이었다
어느 날 소는
이곳에서 쓰러져 죽었고
늑대와 독수리떼가
그 육신을 깡그리 뜯어갔으리
마침내 뼈만 앙상히 남아
세월의 눈보라를 견뎌 온 것이리
나는 풀밭에 퍼질러 앉아
한때 육신의 집이었을
뼈를 본다
뼈는 육신을 잃고
마치 누가 살다 떠난 빈집처럼
황폐한 얼굴로 앉아 있다

# 빈 들판

빈 들판에는
아무것도 없는 줄 알지만
쪼그리고 앉아
잠시만 풀밭을 뒤져 보면
작은 벌레들의 엄청난 세상이 있습니다
오래된 말똥도 있고
딱딱한 말똥을 열심히 갉아먹는
녀석들도 보입니다
너무 많은 벌레에 놀라
풀밭에 털썩 주저앉아 하늘을 보면
조개구름 새털구름
뭉게구름들이 내려다봅니다
그 사이로 바람을 타며
뽐내는 솔개 녀석들도 보이네요
이렇게 대초원은
외롭거나 심심할 틈이 없습니다

# 유목민

긴 밤을 자고
이른 아침 천막집 밖으로 나오니
세면대가 놓여 있다
거울도
물 꼭지도 있지만
몹시 작은 물통이 걸린 옹색한 세면대
그 물통에 담긴
한 되 가량의 물로
세수도 양치도 다 해야 한다
물 귀한 대초원에서 물 쓰는 법을 배운다
풍요에 길든 사람들
불편한 비명 질러대지만
그 적은 물은
쓸 만큼 쓰고도 오히려 남는다
삶의 지혜란 바로 이런 것
곰곰 돌이켜 보라
우리는 그동안
느슨하게 풀린 삶으로

얼마나 아쉬움과 만족 모르고
살아온 것인가

# 대초원에서

지평선이 보이는
가물가물한 도로의 끝으로
누군가가 보입니다

아침에 길 떠난 뒤로
움직이는 것들을 본 지가 한참이나 되어서
반가운 마음에 나는 달려가 봅니다

아, 그런데
군데군데 떨어져 나간
아스팔트 길 한가운데에
누렁소 한 마리가 당당하게 서 있습니다

사람이 아니고
바로 이 녀석이었군요
내가 다정하게 말을 걸며 지나가도
녀석은 나를 본체만체합니다

## 작은 소동

염소들이
도로를 가로질러 가느라
나는 잠시
자전거를 세우고 길 중간에 섰다
한참을 헤아리다가
나는 그만 숫자를 놓쳐 버렸다
꼬리에 꼬리를 물고
천 마리도 넘어 보이는 염소들이
매애 매애 소리 지르며 도로를 건너갔다
어떤 녀석은 두 뿔을 치켜세우고
당당하게 건너갔다
길 위엔 먼지가
희뿌연 연기처럼 피어올랐다
염소들이 저만치
사라진 뒤에도 내 귀엔
염소 울음소리로 붐비었다

# 아침 들판

약간은 누렇고
약간은 갈색빛도 나는
나무 한 그루 바이없는 저 민둥산

그러한 민둥산도
이른 아침
햇살을 받아서 황금빛 얼굴이 된다

골짜기의 깊은 구름
아직도 청춘의 힘줄을 불끈 세운
저 등성이의
젊고 기운찬 얼굴

대지가 온통
황금색으로 빛나는
이 벅찬 감격의 시간을 보았는가

# 길


길은 온종일
들판에 누워 기다린다
틀림없이 내게 반가운 소식 찾아오리라

이따금
소낙비가 밟아가고
멧새 두어 마리 머물다 가고
구름이 쓸쓸한 얼굴로 그림자 드리우다 가고

말과 염소떼가
와글와글 자욱한 먼지 피우며 길 건너간 다음
다시 외톨이가 된 길은

저 멀리
민둥산 비탈 언덕 쪽으로 돌아누워
또다시 누군가를 기다리는
간절한 얼굴이 된다

# 들판

들판을 달리는 기차가
왜 한 번씩 높은 소리로 기적을
울리는지 아는가
늘 졸음에 겨운 듯
가물가물한 들판의 나른한 정신을
일깨우려는 고함인 게지

들판을 지나는 구름이
한 번씩 우레와 먹구름 끝에
굵은 소나기 퍼붓는 그 까닭을 아는가
늘 죽은 듯이 고요에 잠겨 있는
저 들판의 혼을 번쩍 나게 하려는
채찍인 것이지

# 들판에서

돌무더기 모아 놓고
그 가운데 푸른 천이 감긴
막대를 꽂은
길가에 나는 앉았다
이곳 사람들이
'어워' 라 부르는 돌무더기 위엔
빈 술병과 사랑했던 말의 머리뼈가 있다
누가 버리고 간 목발도 보이는구나
아픈 다리가 다 나은 게지
이따금
붕붕거리는 벌과
들판을 쓸어 가는 바람소리뿐
심심해진 바람이
장난꾸러기 꼬마처럼 돌무더기 위로 올라가
턱을 고이고
나를 빤히 본다

# 저 들판은 누가 차지하는가

들판은
온통 소들의 차지다
말들의 차지다
아니 양떼들의 차지다
그 소와 말과 양들을 돌보는
얼굴이 까아만 소년들의 차지다
죽은 가축의 살점을 기다리는
독수리들의 차지다
아니 벌레와 야생초들의 차지다
아니 풀과 풀 사이에 끝도 없이 널려 있는
소똥과 말똥의 차지다
그 소똥과 말똥을 부수고 있는
연둣빛 날개가 아름다운 갑각류들의 차지다
아니다 아니다
자꾸 생각하고 또 생각해도
들판은 그 누구의 차지도 아니다

제2부

# 말을 타고

나는 너를 타고
천천히 산길로 오른다
콧김을 씩씩 내뿜으며 너는
무척 힘들겠지
하지만 네 아버지와 할아버지도 그랬듯이
너는 전혀 내색하지 않는다

나를 만나게 하려고
주인은 네 갈기를 가위로 깔끔하게 다듬었다
갈기 사이로 벌써 새 털이 돋는구나
두 귀는 쫑긋
혹시나 가까운 곳에 숨어 있을지 모를
늑대 소리에 귀기울이네

네 입엔
쇠를 두드려 만든 재갈이 물려 있어서
무척 괴롭겠지
여물인들 제대로 씹을 수 있겠니

네 머리를 묶은 노끈은
터벅터벅 걸어온 너의 세월만큼이나 낡았구나

그런데도
너는 거침없이
산길을 오르고 강물도 첨벙첨벙 건넌다
말아
조금만 쉬다 가자
잠시라도 네 옆의 풀을 뜯어먹으렴

# 묶인 말

나는
주인집 아들의 말
그 아들 첫돌 되었을 때
아빠는 나를 선물로 주었답니다
내 등에는
알록달록한 무늬 그려진
작은 안장 하나가 얹혀 있지요
소년은 나를 몹시 사랑하고 귀여워합니다
오늘따라 말뚝에 빈틈이 없어
주인은
내 입가로 드리워진 고삐의 끝을
내 발목에다 묶었습니다
다른 곳으로 달아날 생각 전혀 하지 않았는데도
이렇게 되고 보니 억울합니다
나는 지금
고개를 들 수도
걸음을 옮길 수도 없습니다
나를 풀어 주세요

내 주인을 태우고
저 들판을 바람처럼 달리고 싶어요

# 말떼와 더불어

어떤 녀석은
끼리끼리 어울려 목을 걸고 섰고
또 어떤 녀석은
땅바닥에 고인 물에
제 얼굴을 들여다본다
어떤 녀석은 지그시 눈을 감고
철학자처럼 사색 중인데
그 옆에서
망아지를 막 벗어난 녀석은
맨흙바닥에 누워 몸을 비비고 있다
녀석의 고추가 제법 자랐다
또 다른 녀석은
꼬리와 머리를 쉴새없이 흔들어 파리를 쫓지만
저 지긋지긋한 파리 놈들은
무엄하게도 콧구멍 안으로 날아들어
자꾸만 콧김을 푸르르
내도록 만든다

# 망아지

포장도로에서
흙 길로 접어들어 한참을
올라가면 보이는 초라한 천막집이 있었다

말떼를 몰고
주인은 멀리 풀 뜯기러 갔는지
여러 번 불러도 대답 소리 들리지 않고
대신 나타난 녀석이 있었다

어미를 잃었는지
슬픈 눈의 망아지 한 마리
자꾸만 내게 몸 기대고
몸 비비며 떨어질 줄 몰랐다

나는 어릴 적 내 모습을
보는 듯했다
가슴이 온통 미어졌다

# 말

말아
들판에 혼자 서서
무슨 생각을 하고 있노

문門자처럼 엮어 세운 말뚝에 고삐를 묶여서
말아 너는 지그시 눈을 감고
무얼 생각하노

오늘은 이 십 쇼마가 타는
작고 귀여운 안장을 등에 얹고 있네
지나가던 흰 구름이
그 안장에 잠시 앉았다 가네

어제도 오늘도
내일도 전혀 달라질 것이 없는
이 아득한 들판에서
네 아버지와 할아버지
너의 살뜰하던 어머니와 형제자매들은
모두 뿔뿔이 흩어졌구나

# 내 말이 몽골에 있다

내 친구 뭉흐의
늙은 아버지는 얼굴이 하회탈 같았지
그 영감님이 어느 날
나를 위해 세 살배기 말을 한 마리 끌고 와
고삐를 나에게 건네주셨지
목에 푸른 천 두르고
다소곳 다가와 나에게 등 기대던
그게 바로 너였지
우리는 금방 가족이 되어
날마다 부드러운 갈기를 쓰다듬고
너의 등 껴안으며 사랑했지만 시간은 왜 그리도
짧기만 하였던고
마침내 떠날 때가 되어
나는 너를 두고 와야만 했었구나
대초원을 달리는 너의 모습 매일 밤 꿈에 본단다
그리운 리박씨야*
사람들에게 나는 늘 네 자랑을 하지
"내 말이 몽골에 있다"라고

그런데 너는

나를 아직도 기억하고 있느냐

---

*리박씨야 : 2007년 2월, 몽골의 중부 어워르항가이 지역의 한 마을에 잠시 머물 때 주인 뭉흐바야르 노인은 말 한 마리를 정표로 주었다. 그 말을 가져올 수 없어 고삐를 도로 주며 나는 평소 그 가족들이 나를 부르던 호칭 '리박씨야(이선생님)'를 말 이름으로 붙였다.

# 여름나기


이 더운 날
말들은 물을 찾아 시내까지 왔다
흐르는 물에 발만 담그고
종일 그렇게 서 있다
발만 시원해도 살 것만 같다
물에 발목을 잠근 채
눈 감고 있다
망아지 한 마리가
중심에서 밀려난 채
어미 뒷다리에 이마를 기대고 섰다
다리 위에서 보니
흰 놈 갈색 놈 검은 놈
얼룩빼이 녀석들까지 한 자리에서
꿈쩍도 않고
그렇게 여름 한나절을 보낸다
물속에 서서 눈 똥이
물살에 풀려서
아래쪽으로 누렇게 흘러간다

# 사랑이라는 것

소 두 마리가
풀밭에 마주 서서
서로의 등을 핥아 주고 있습니다
긴 혀를 내밀어
이마와 얼굴과 목과 등을
말끔히 닦아 주고 구석구석 핥아 줍니다
두 녀석은
친구 사이인지
어미와 자식 간인지
아니면 사랑에 빠진 암수 놈인지
얼른 분간이 되질 않습니다
하지만 저 두 녀석은
서로 핥아 주고 몸 부비는 동안
외롭지 않습니다
그 어떤 힘들고 고달픈 일 있어도
결코 어렵지 않습니다
이 광막한 대초원에
오직 그들 두 마리뿐이라 해도
세상은 가득할 것입니다

# 말 탄 처녀

엉덩이가
튼실한 몽골 처녀 둘이
엉덩이에 토실토실 살 오른 말을 타고
마을로 돌아간다
얼굴과
소매 끝으로 드러난 팔뚝이
햇볕에 검게 타서 구리로 만든 것 같다
치렁치렁한
긴 머리채를 묶어
끈으로 질끈 잡아맨 모습이
너펄거리는 말꼬리와 너무도 닮았다
말이 말을 타고 가는 것 같다
이 몽골 처자들이
어딜 나들이 갔다가 돌아가시는고
마을은 멀리 지평선 끝에
가물가물 보인다
내가 넋을 놓은 사이에
두 처자는 더부룩한 풀숲 사이로
모습을 감추었다

# 몽골 소년

그 소년은
아주 먼 곳에서 나를 보고
일부러 쏜살같이 말을 달려서 왔다

짙은 눈썹에
가느다란 눈 낮은 코
앞니의 가운데가 틈이 많이 벌어졌다

대초원에서
소년의 모습은 맨 처음 까만 점
차츰 다가올 때서야
비로소 그가 어린아이인 줄 알았다

소년의 눈엔
호기심이 주렁주렁 달렸다
나는 말 위의 소년이 기특해서 자꾸 웃고
소년도 나를 보고 방긋 웃는다

# 발견의 기쁨

누더기처럼
함석과 판자를 다닥다닥 기운
낡은 창고 벽으로 그 씨앗은 날려 왔을 것이다
거기서 더 이상 떠나가지 못하고
창고 벽에 부딪쳐
그 억새와 바랭이와
엉겅퀴는 대충 그곳에 마음 정하고 싹을 틔웠을 것이다
사람도 정처 없이
이렇게 이룬 터전 많았으리라
다른 곳은 풀이 없는데
창고 틈새에만 유난히 더부룩 돋았다
말이란 놈들이 그늘 찾아
창고 옆으로 왔다가 그 풀을 보고
맛있게 뜯어먹고 갔다
새 풀을 발견한 기쁨 참지 못하고
연신 발굽을 차며
히히힝 소리 질러댔다

제3부

# 돌비

저 하얀 돌비를
누가 세워 놓았나

이마엔 푸른 천까지 감겨 있네
비석엔 서툰 글씨로
무어라 쓴 것도 보이네 무슨 뜻인가

멀리서도 눈에 띄는 하얀 돌비
터벅터벅 걷는 나그네가
길 잃지 않도록
힘과 용기를 주는 돌비

그 돌비에 잠시 등 기대고 앉아
물끄러미 대초원을 바라보다 간다

# 돌 거북
— 하르호린 소묘


모든 것이
망가지고 부서진 곳에서

홀로 살아남은 저 돌 거북은
등에 하늘빛처럼 푸른 천을 둘둘 감은

돌덩이 얹고 서서
무슨 깊은 생각에 저리도 잠겨 있누

비가 오고
눈보라 휘몰아쳐도

돌 거북은 종내 그 자리 떠나지 않고
천 년 세월을 견디어 왔구나

# 구름의 품에 안기다

처음 보는
온갖 기화요초들이
자욱하게 피어 있는 산등성이
그 등성이 끝으로
복슬복슬한 뭉게구름이 걸려 있다
나는 구름더미를 향해
가파른 언덕을 자전거로 힘겹게 오른다
숨이 끊어질 듯하다
조금 더
조금만 더
뭉게구름이 산등성이에서 외친다
구름의 격려와 부추김에
나는 쓰러질 듯 기우뚱거리다가 힘을 얻는다
어느 틈에
산등성이에 올라서
구름의 품에 와락 안겨 버린다

# 내 자전거

내 자전거는
무성한 풀밭에서 행복하다
내 자전거는
빽빽한 수림 속에서 행복하다
내 자전거는 숲의 그늘 속에서 행복하다
내 자전거는
코를 찌르는 풀과 나무의
신선한 향기 속에서 행복하다
내 자전거는
이런 숲에서 조금만 더 쉬어 가자고
자꾸 자꾸 보챈다
이럴 때 나는 못 이긴 척
자전거를 숲에 길게 뉘어 놓고
그 옆에 잠자코 앉아서
숲을 들이마신다

## 죽은 소의 해골 앞에서

꽁꽁 얼어붙은 호수 위에
죽은 소의 해골 하나 놓여 있다
두 뿔은 여전히 좌우로 뻗고
살점 없는 하얀 얼굴은
퀭한 표정으로 누워서 하늘을 본다
아무런 미련도
원망도 이젠 갖지 않는다
뒤룩뒤룩 눈방울 굴리던 컴컴한 구멍으로
드나드는 바람
차디찬 얼음판 위에서
하얀 이빨은 굳게 다물렸는데
아서라 그대여
이제 모든 것 떠나간 뒤에
무슨 결심 그리도
다부지게 하려는 것인가

# 하늘 호수

해가 지자
어디 숨었다가 나왔는지
호수 위로 새떼가 모여듭니다
거무스레한 저녁구름은
수면 위에 피곤한 다리를 드리우고
청명한 달이
호수 위에 사뿐 내려앉지만
물결은 달의 얼굴을 자꾸만 지워 버립니다
새 한 마리가
매우 빠른 헤엄으로 달아납니다
그 뒤를 황급히 따라가는 녀석이 있습니다
두 마리 새가
지나간 수면에는
두 줄기 굵은 선이 그어졌습니다
잠시 뒤에 보니
그 줄마저 사라지고 없습니다
밤은 점점 깊어가고
호수에서 새는 보이지 않고
새소리만 들립니다

# 자작나무에 관한 사색

해발 이천 미터
저만치 말은 앞서가고
나는 자전거로 뒤를 따른다
내 기척이 없으면
마부는 그 자리에 말을 멈추고
나를 기다린다

숲 속에 웬 자작나무가 이리도 많은가
나는 내 자전거를
자작나무에 기대어 놓고
짐짓 떨어져서 자전거와 자작나무를 물끄러미 바라본다
그때 자전거는
백발의 할머니 무릎에 기댄 어린아이처럼
행복한 표정을 짓는다
자작나무여
나는 매끈한 등걸을 손으로 쓸어 본다
그 혹독한 겨울을

자작나무는 굳세게 견디어 왔다

저쪽 숲에서
마부가 부르는 소리를 듣고
나는 정신을 차려서 자전거를 끌고
언덕으로 올라갔다

# 고슴도치

고슴도치 한 마리
슬금슬금 풀밭을 기고 있다
땅굴 속에서 또 한 마리 나온다
녀석들은 분명 바깥세상이 그리웠던 게다
짓궂은 사내가
막대기로 등을 쿡쿡 찔러댄다
고슴도치는 가시를 세우고 몸을 또르르 감고
그 자리에서 죽은 척한다
하지만 웅크린 몸 밑으로 보이는 눈이
까만 머루알 같다
잠시 후 사내가 방심하는 틈에
고슴도치는 짧은 다리로 또르르 기어가서
땅굴 속으로 숨었다
나는 그제야 안도의 한숨을 쉬었다
고슴도치야
제발 꼭 꼭 숨어라
네 머리카락이 보이지 않도록

# 연분홍 사연

연분홍 꽃이
대초원을 모두 덮었습니다
소와 말이 그 꽃을 뜯다가 가고
새들이 날아와
몇 번 꽃잎을 쪼아대다 갑니다
바람이 그 꽃들의 몸에 자꾸 제 몸을 비벼댑니다
꽃들이 모두 일어나 앉아
금방 잠이 깬 아이처럼 하품을 합니다
자세히 보니 그 꽃들은 모두 저 남쪽 고려 나라에서
끌려와
눈물로 살다 간 처녀들입니다
잠잠하던 들판에
꽃들의 아우성이 요란하게 들립니다
가만히 보니 그 아우성도
연분홍입니다

# 매발톱

고운 솜털
차고 푸른 얼굴빛
땅을 향해 겸손히 고개 숙인
저 어여쁜 꽃에게
사람들은 왜 이토록 무서운 이름을 주었는가

여린 팔과
가느다란 목선
노오란 연민을 안으로 간직한 너에게
사람들은 왜 이다지도
흉한 이름을 붙인 것일까

하지만 너는
누가 너를 뭐라고 부르던 조금도
아랑곳하지 않는다
너는 다만 하늘 아래 피어난
한 송이 꽃일 뿐

# 야생화

풀잎 사이에
말똥과 쇠똥 사이에
지난해의 마른 가랑잎과 자갈 사이에
웬 별들이
이렇게도 많이 내려와 있다지
간밤 하늘을 가득 채우고 있던 별 떨기가
어느 틈에
땅 위로 내려와 놀고 있는 게지
지상의 별들아
너희들이 떠 있던 하늘은 그리도 심심했던가 보다
그래서 인간이 잠든 틈에
풀밭으로 살그머니 내려와서
작고 하얀 야생화의 모습으로 돋아난 게지
그렇구나
너희들은 하늘과
땅을 번갈아가며 다니는구나
내가 한 가지 물어볼 게 있는데
너희들 떠난 하늘의 빈자리는 누가 채워 주니
난 그게 몹시 궁금하단다

# 독수리

독수리 한 마리
큰 날개를 펴들고
저만치서 내 옆을 줄곧 따른다

푸른 산등성이를 배경으로
다갈색 독수리 날개가 한 폭의 그림 같다

하늘을 껴안고
높이 솟구쳐 오르는 독수리야
너는 무슨 볼일이 있어
내 뒤를 자꾸만 밟아 오는 거니
독수리야
이젠 나를 그만 따르렴

나는 갈 길이 바쁘단다
내 집과 아기와 아내를 돌보러
급히 가야 한단다

# 거울


그저께 비가 왔던지
길가에 물 고인 곳이 있습니다
탁한 물웅덩이에
한없이 맑고 파란 하늘이 내려앉았습니다

그 하늘로 다가가
나는 가만히 속을 들여다봅니다
하늘 속에는
웬 지치고 후줄그레한 길손의 얼굴이 있습니다

나는 그를 보고
그도 나를 물끄러미 봅니다
언젠가 본 적이 있는 듯한 낯익은 얼굴
대체 그는 누구입니까

## 수묵화

금이 가고
한 쪽 귀퉁이가 깨어진
돌비 앞에서
가지런히 두 손 모아 비난수하는
저 몽골 사내
그는 무엇을 바라는가

그의 등뒤로
따뜻하게 비친 햇살이
돌비 위에 그림자를 드리워서
차디찬 돌 판에 기도하는 사람을 그렸다
흡사 돌비 속에
사람이 들앉은 것 같다

제4부

## 세 꼬마

아침 볕을 받으며
서로 손잡고 나란히 걸어가는
세 꼬마를 길에서 우연히 만났네
농구 선수 차림의 가장 키 큰 아이는
매직 팀이라든가 그 무슨 3번 표시를 달고 있고
둘째 꼬마는
야자수가 선 더운 나라
남국의 그림이 가슴에 그려져 있네
자세히 보니 그 옆엔
로켓을 탄 미키마우스가 날고 있고
나비랑 돛단배가 서로 누가 빨리 달리는지
시합 중이구나
또 다른 꼬마의 등엔 딱정벌레 두 마리
금방 도약할 듯 날개를 펼치고 있네
튼튼히 자라라
장차 너의 나라를 떠받들고 갈
미덥고 든든하고 사랑스런
기둥들아

# 게르 풍경

형이
천막집 안에서
양고기 뼈의 살을 발라내고
엄마 일을 돕는 동안
아우는
천막집 뒤에서 도끼로 장작을 잘게 쪼갠다
그 옆 통나무 등걸에 홀로 앉아
어린 누이는 논다
작은 체구에
너무 큰 도끼를 들고
기우뚱거리며 장작을 쪼개는 아우
쪼갠 장작은
우물 정#자로 가지런히 포개어 놓았다
막내는 가슴으로 한 아름
장작을 안고 천막으로 들어간다
감자채를 썰고 있는 엄마는 말하지 않아도
누가 무얼 하는지 환히 알고 있다
몽골국수로 늦은 점심을 먹는

이 호젓한 시간
매란 놈들은
풀밭에서 줄곧 엿보고 있다

## 세상에서 가장 맛있는 우유

하얀 가래떡처럼
잘게 썰어서 말려 놓은 저것은
모두 우유로 만들었다
나는 하나를 집어서 맛을 본다
둥글게 반죽하여
베개처럼 빚어서 지붕에 말리고 있는
저것도 우유로 만들었다
나는 그것도 집어서 맛을 본다
마른 잎차 덩이를 넣고
오래 끓여서 만든 저 수태차이도
우유를 부어 만들었다
나는 그것도 훌훌 불어서 맛을 본다

주변을 가만히 둘러보면
세상에 우유 아닌 것 하나도 없다
오, 우유는 축복
우유는 하늘
우유는 사랑, 그 사랑보다 더 큰 사랑

우유는 이 세상 모든 것 중에서

가장 아름다운 것

맛있는 것

## 허더아랄

이른 아침
햇살에 빗긴 전신주가
골목에 길게 누워 있습니다
그 광경이 마치
이쪽 마을과 저쪽 마을을 나누는
차단기 표시 같습니다
그런 경계에도 아랑곳없이
소란 놈들은
이 골목 저 골목을 마구 쏘다닙니다
게르가 있는 마당에서
한 사내가 장작을 팹니다
청바지 입은 몽골 처녀 하나가
우유통이 실린 수레를 밀고 갑니다
가죽장화를 신고
델의 소매 길게 늘어뜨린
청년이 길을 가다가 싱긋 웃습니다
나도 그를 보고 웃습니다
아침 공기가 차지만
이럴 때 마음은 훈훈합니다

# 별은 왜 뜨는가

부모가 세상을 뜬 후
자녀들이 한집에서 살아갑니다
엄마 없는 집에서
맏딸이 어미 역할을 해야 하는데도
가슴을 앓는지
종일 침대 위에 누워 기침을 쿨럭거립니다
아들은 아침부터 술에 취해 있고
실성한 둘째는
의자에 앉아 실실 웃기만 합니다
여러 딸들의 합죽한 입과 가느다란 눈이
액자 속에 들어 있는
죽은 어미와 한 얼굴입니다
여기저기 어질러진 남루한 살림에선
어미 없는 표시가 납니다
죽은 어미는
액자 속에서도 몹시 걱정스런 표정입니다
흘깃 천장을 보는데
너무도 많은 파리떼가
걱정의 숫자처럼 붙어 있습니다

# 바람과 주인

날씨가 더워서
양털 천막집은 바람이 잘 들어오도록
아랫도리를 둥둥 걷어 올렸다
이럴 때 천막집은
금방 물 건너온
사람 같다

한껏 달아오른
사막을 맹렬하게 달려온 바람은
상기된 얼굴이 되어서
걷어 올린 천막의 아랫도리로 슬그머니 기어들어간다
바람이 가득한 천막 안은 시원하다
안주인의 얼굴도 시원하다

눅눅하던 솜옷
길게 썰어서 줄에 걸어 놓은 양고기
이런 것들이 잘 마르도록 뒤집어 놓고
문 옆의 마유주통으로 가서

마유주가 잘 익도록 막대기로 한바탕 휘저은 후
난로 옆에 앉아 들판을 내다본다

## 간소한 살림

많은 살림은
오히려 거추장스럽습니다
새로운 풀밭을 찾아 거처를 옮길 적마다
너무 많은 살림은
무겁고 불편하기만 합니다
착착 개어서 옮기기 쉬운 양털천막
그 천막을 세우는 나무토막
추운 발을 녹여 주는 난로 하나면 충분합니다
아, 칼 한 자루와
몇 개의 통과 그릇
그리고 몇 가지의 도구와 연장은
있어야 합니다
당신들은 너무나 많은 살림 때문에
살아가기가 불편하다지요
간소하게 살아가는 법을
여기 와서 배우세요
정말입니다

## 몽골 주막집

마두금과
꽃무늬 수놓은 커튼 위에
먹다 남은 양고기 토막이 걸려 있다
이 집 아들은
잘게 쪼갠 불쏘시개를 난로에 넣고
도마 위에서 수육을 썬다
이윽고 물이 끓고
바싹 마른 국수를 넣은 뒤
여인은 양파를 까면서 줄곧 눈물을 닦는다
바깥주인은 어디 멀리 갔는가
개는 천막집 그늘에서
낮잠 중이고
말은 창고 옆 응달에서 쉰다
독수리는 무얼 노리고
공중을 돌고 있나
쓸쓸하다

## 길목 식당


점심 끼때가 되어서
지나던 길손들이 길목 식당에 모입니다
조용하던 주방에는
갑자기 굽고 볶고 지지는 소리 요란합니다
뼈가 든 고기를 자르는지
도마에 탕 탕
칼 내려치는 소리도 들립니다
몽골의 중부
하르호린으로 가는 길가의 호젓한 시골
길목 식당으로 찾아든 사람들은
나귀처럼 까맣습니다
그들은 모조리 햇볕의 자손들입니다
더러 문신도 그린 팔뚝은
금방 잘라 놓은 통나무 같습니다
어쩌다 마주치는 눈빛들도
모두 정겹습니다

# 시장 풍경
— 하르호린 소묘


봉지 봉지 담아
목판에 수북이 쌓아 놓은 것들은
모두 우유로 만들었다
우름 뱌스락
아아롤 버터는 비닐봉투에 담겨서도
우유 냄새 솔솔 피운다
그 앞 길다란
나무 의자에 앉아
가죽장화 신은 다리를 꼬고
도란도란 낮은 목소리로 이야기하는 사람들은
대개 말을 타고
오전 내내 초원을 달려왔다
개 한 마리
그들의 발치에 길게 누워
움찔움찔 꿈까지 꾸면서 낮잠 자는 중
푸른 플라스틱 항아리에선
마유주 거품 소리
뽀글뽀글

# 몽골 사람들

늑대 가슴에 달라붙어
젖을 빨아대는 아가의 그림이
벽에 붙은 그 술집 주인은
아가에게 젖을 물리고 앉은 어미 늑대처럼
푸근한 미소를 짓고 있었다

전해오는 말에 의하면
이 나라 사람들의 조상은
모두 늑대의 젖을 먹고 자라난 것이었다

대낮에도 컴컴한 술집
딱딱한 나무 의자에 나란히 앉아
마유주를 늑대 젖처럼
홀짝홀짝 마시고 있는 사람들은 하나같이
야생늑대처럼 쇠리쇠리한 눈빛으로
창밖을 줄곧 두리번거렸다

# 디스코 바
― 하르호린 소묘


나무판자로 얼기설기
못질해서 출입문 만들고
그 위에 하얀 페인트칠을 하고
창틀은 푸른 물감으로 칠하고
입구 좌우에 자작나무 두어 그루 심어 놓은
낡은 건물이 있어
가축병원쯤 되는가 짐작했었는데
오호라 건물의 이마 위엔
놀랍게도 '디스코 바'라 쓴 간판이 걸려 있구나
사람은 종내 보이지 않고
반쯤 열린 문으로는
호기심 많은 바람만 드나들었다
오늘은 바람의 춤을 보러
들어가 볼까나

제5부

# 언덕길

두 건물의
추녀와 추녀 사이로
구불구불 바라다보이는 뒷산 언덕길은
숫자 3처럼 보이었다

어디로 가는 길일까
저 길을 따라 올라가면
꿈의 궁전이라도 나타날 것인가
내 살뜰한 사람이라도 만날 수 있을 것인가
누구의 발길 저리도 많이 밟아서
땅 위에 덧없는 흔적
어지러이 남겨 놓은 것일까

그 길 위로
낡은 자동차 한 대가
또다시 희뿌연 흙먼지 꾸역꾸역 피워 올리며
힘겹게 오르는 것이 보이었다

# 손님

인동 덩굴무늬가 그려진
오래된 나무 침대 위에서 긴 밤을 잤다
그 겨를에
구름은 빗발이 되어 지나갔고
아침까지 여전히 산허리에 걸린 구름도 있었다
그때였다
누가 문을 두드려 열었더니
소 한 마리 서 있다
어라,
손님이 왔네
두 뿔로 문을 긁어대었나 보다
녀석은 방심하고 섰다가 제풀에 놀라 화들짝 떠나간다
심심하면 들어와라
같이 놀지 뭐
내 정중한 권유에도 아랑곳없이
녀석은 엉덩이를 화리서리 흔들며 갔다
떠나는 소의 등 위로

비에 씻긴 산등성이가 한결 푸르다

눈이 시원하다

# 석인상

누가 깎아 세운 것인지
들판에 석인상 하나 우뚝 서 있다
오명가명
우르르 나타난 사람들은
다가와서 저마다 가슴에 담아둔 비밀을
연신 귀엣말로 소곤거린다
그럴 때 돌사람은
전혀 귀찮은 내색 않고
묵묵히 그들의 애타는 기원을 다 들어준다
사람들은 대체 돌사람의 귀에 무슨 말을
들려주고 갔을까
어떤 이는 푸른 천에
돈을 끼워 놓고 가기도 했고
또 어떤 이는 난간에 염소 뿔 걸어 두고 갔다
사람들이 모두 떠나고
다시 적막 속에서 홀로 된 돌사람은
바람에 귀를 씻는다

# 낮잠

오늘은 날이 더워서
천막집 천장을 열어 놓았다
조금 열린 구멍으로
유난히 파아란 하늘이 보인다
나는 천막집 게르에 누워서 하늘을 본다
천장의 열린 구멍은
하늘이 드나드는 교통로
반달 모양으로 곱게 잘린 하늘이
살며시 들어와
내 가슴에 얼굴을 묻는다
나는 하늘의 어깨를 토닥이며
아기처럼 재우려 한다
자장 자장 자장
그렇게 나직하게 자장가를 불러 주다가
나는 하늘보다 먼저
잠이 들었다

# 아침 식사

밥
한 덩이와
고기 한 토막과
붉고 푸른 푸성귀 몇 점이

접시에 담겨
내 앞에 다가왔다

우리는 무슨 인연으로
이렇게 마주 대면하게 되었느뇨

우리의 만남을
더욱 살뜰히 엮어가기 위하여
나는 수저를 들고
너를 내 안으로 왕성하게
쓸어 담는다

우리는 마침내 하나가 된다

## 석상
— 하르호린 소묘


입도 부서지고
등과 발도 다 떨어져 나간
돌 해태 하나

둥글고 커다란
눈만 성하게 남아서
오가는 인간들을 쏘아보고 있었다

얼마나 많은
버터를 뒤집어썼던가
반들반들 윤나는 머리가
한층 서럽고도 쓸쓸하게 보였다

그 앞을 지나는 길에
나는 돌 해태의 눈을 들여다보았다
크고 슬픈 눈에는
눈물이 가득 고여 있었다

# 법당에서

얼굴이 빨간
부처님이 실눈을 뜨고
나를 본다
내 마음까지 송두리째 꿰뚫어 보시려는 눈이다
그 눈길 두려워서
나는 고개를 푹 숙였다

부처님은 무언가
말을 할 듯 말 듯 두툼한
당신의 입술을 약간 움직이다가
도로 입을 다물었다

불당을 나와서
한참 화리서리 걸어가며
나는 부처님이 나에게 하고 싶었던 말씀이
과연 무엇이었을까를 생각했다
하지만 종내 짐작이
가지 않았다

## 신선도

오래된 벽화 속엔
지팡이 끈에 호리병 달아맨
두루마기 입은 할아버지도 있고

아기를 품에 보듬은
할아버지도 함박웃음을 웃고 있고
긴 수염을 쓰다듬으며
흐뭇하게 웃고 있는 할아버지도 있고

늙은 일꾼들은
천도복숭아를 들고 걸어가는데
푸르스름한 가지를 드리운 수양버들이
가장 청춘이었다

온통 할아버지들뿐이었다
하지만 그 할아버지들은
하나같이 천진한 아가의 얼굴이었다

## 동승童僧

법당 앞
자갈이 깔린 마당에는
너풀거리는 붉은 가사를 입은
어린 라마승들이
서로 간지럼 먹이며 캬득캬득 웃는
귀여운 모습이 있었다
어두컴컴한 법당에서 몸 흔들며 경을 읽다
잠시 쉬러 나왔나 보다

집 생각
부모 형제 생각에 겨울 때면
이렇게 장난이라도 쳐야
힘든 시간 이겨 갈 수 있을 것이었다
법당 앞마당에는
어린 라마승들의 해맑은 웃음이
양귀비꽃으로 옹졸봉졸
피어나 있었다

■ 후기

어느 누군가 몽골을 늪이라고 했습니다.

워낙 힘든 여정이라 다닐 때는 무척 고생스럽지만 다녀오면 금방 그리워져서 또다시 갈 계획을 세우게 되곤 하지요. 이런 몽골을 나는 금년까지 벌써 열 번 넘게 다녀왔습니다. 갈 때마다 반드시 자전거를 갖고 가서 도합 1,000km 이상 몽골의 곳곳을 달렸습니다. 그런 시간을 보내다 보니 몽골은 이제 나의 운명이란 생각 마저 듭니다.

연전에는 대구 MBC에서 창사 특집으로 기획한 몽골 특집 다큐멘터리 제작에 참가하여 촬영차 두세 차례 다녀오기도 했습니다. 과연 몽골이 늪이요 운명이란 말을 온몸으로 실감하고 있습니다. 삭막한 도시 문명과 가파른 세상 인심에 시달리다가 온통 광대한 하늘과 대초원과 끝없는 지평선으로 둘러싸인 몽골에서 대면하는 모든 것은 나에게 진정한 삶의 깨달음, 신선한 발견의 기쁨을 느끼게 해주었습니다.

몽골의 동부 헨티에서부터 머나먼 서쪽 국경 지역의 눈 덮인 알타이 산록에 이르기까지 몽골의 여러 곳에서 만났던 모든 다정한 사람들, 내가 추위로 몸을 오그리고 잠든 새벽, 살그머니 게르로 들어와 난로에 불을 피워주던 몽골 소녀, 들판을 유유히 거닐던 말과 소와 염소와 양떼들, 무연한 풀밭을 후두둑 튀어 오르던 메뚜기 떼와 곤충들, 여기저기 널브러진 채로 깊은 사색에 잠겨 있던 소똥과 말똥들, 그리고 각양각색의 황홀한 야생초들, 허더아랄 초원의 밤하늘에서 탄성을 지르며 보았던 그 장엄하던 별들에게 이 시집을 바칩니다. 왜냐하면 바로 그들 모두에게서 이번 시집의 정령精靈이 태어났기 때문입니다.

 여러분께서도 저 아름다운 몽골의 늪에 슬쩍 빠져볼 생각은 없는지요?

2009년 10월
이동순

작품 시평

# 생명과 평화, 살아 있음의 행복을 위하여

김 재 홍

(문학평론가 · 경희대 교수)

 주지하다시피 이동순 시인은 1973년 동아일보 신춘문예에 시「마왕의 잠」이 당선되어 데뷔한 이래 40년 가까이『개밥풀』,『철조망 조국』등 12권의 창작시집과 대하민족서사시집『홍범도』(전5부작 10권)를 상재한 이 땅의 성실하고 역량 있는 중진 시인의 한 사람이다. 그는 또한,『민족시의 정신사』,『시정신을 찾아서』,『한국인의 세대별 문학의식』등을 비롯한 다수의 비평집을 펴낸 비평가이고『백석시전집』,『조명암시전집』,『박세영시전집』등 오랫동안 실종 상태에 놓여 있던 중요 시인들의 시전집을 발굴 상재하는 등 시문학사 연구에 소중한 디딤돌을 놓은 역량 있는 문학사 연구가이기도 하다.
 그만큼 그의 시와 시비평, 문학사 연구에 이바지한 업적은 의미 있고 소중한 의미를 지닌다고 하겠다. 그처럼 우리 시단과 학계에 값진 업적을 쌓아 온 이 시인, 이 교수가 이번에 다시 몽골에 관한 시편만을 엮은 테마시집 『발견의 기쁨』을 펴냄에 있어 시인의 성실한 삶과 시에 대한 열성에 경의와 축하의 뜻으로 그 시세계의 특징을 간략히 살펴보기로 한다.


1. 초원의 시학, 생명공동체의 재발견

 먼저 이번 시집에 드러나는 특징의 한 가지는 초원의 시학으로서 생명공동체 의식이 두드러진다는 점을 들 수 있다. 몽골의 대평원을 기본 배경으로 전개되는 테마시집이기에 초원이 주요 소재 및 제재로 등장하는 것은 당연한 일이 아닐 수 없으리라.

>  들판은
>  온통 소들의 차지다
>  말들의 차지다
>  아니 양떼들의 차지다
>  그 소와 말과 양들을 돌보는
>  얼굴이 까아만 소년들의 차지다
>  죽은 가축의 살점을 기다리는
>  독수리들의 차지다

아니 벌레와 야생초들의 차지다
아니 풀과 풀 사이에 끝도 없이 널려 있는
소똥과 말똥의 차지다
그 소똥과 말똥을 부수고 있는
연둣빛 날개가 아름다운 갑각류들의 차지다
아니다 아니다
자꾸 생각하고 또 생각해도
들판은 그 누구의 차지도 아니다
　　　　　　　—「저 들판은 누가 차지하는가」 전문

그렇다면 끝없이 펼쳐지는 대평원, 초원의 주인은 누구이 겠는가? 사람인가, 소·말·양인가? 아니면 독수리인가, 벌레인가, 야생초인가? 그도 아니면 푸나무인가, 야생화인가? 소똥·말똥인가. 아니면 그것들을 먹이로 살아가는 각종 벌레, 갑각류이겠는가?

아니다! 그 모든 것들은 들판의 주인이 아니면서도 "들판은/ 소들의 차지다/ 말들의 차지다/ 독수리들의 차지다/ 소똥과 말똥의 차지다"와 같이 그들의 차지일 수밖에 없다.

그렇다면 무엇인가? "들판은 그 누구의 차지도 아니다"라는 결구에서 볼 수 있듯이 그 모든 것이 주인이면서 주인이 아닌, 공동의 구성원이면서도 그 각각이 또한 주인으로서 더불어 살아가고 있는 것이다. 말하자면 인간을 포함한 그 어떤 특정 생명체들이 초원의 주인이 아니라 그 땅에 발붙이고 살아가는 모든 생명들이 함께 더불어 공평하게 살아가는, 살아가야 하는 생명공동체, 대지공동체를 이룬다는 뜻이다. 사실 생각해 보라. 이 땅 대지 위에, 아니 나아가서 지구 위에 터를 잡고 목숨을 키우며 살아가는 모든 생명체들은 서로 함께 더불어 생존하며 서로가 서로를 더불어 의지하며 기루고 또한 뜯어먹으며 살아갈 수밖에 없는 게 대자연의 섭리이자 운행 이치가 아니겠는가?

이런 점에서 이 시는 대초원을 노래하는 초원의 시이면서 동시에 그 위에 목숨을 붙이고 살아가는 모든 존재들이 하나의 생명공동체를 이루고 있음을 구체적으로 발견하고 인정하면서 그 상대적 의미를 강조하는 생명의 시, 생명공동체의 시학을 형성하고 있다는 점을 확인할 수 있겠다.

그러기에 다음 시는 생명공동체의 재발견과 그 인식의 기쁨을 더욱 구체적으로 선명하게 보여 주어 관심을 환기한다.

> 빈 들판에는
> 아무것도 없는 줄 알지만
> 쪼그리고 앉아
> 잠시만 풀밭을 뒤져 보면
> 작은 벌레들의 엄청난 세상이 있습니다
> 오래된 말똥도 있고
> 딱딱한 말똥을 열심히 갉아먹는
> 녀석들도 보입니다
> 너무 많은 벌레에 놀라
> 풀밭에 털썩 주저앉아 하늘을 보면
> 조개구름 새털구름
> 뭉게구름들이 내려다봅니다
> 그 사이로 바람을 타며

뽐내는 솔개 녀석들도 보이네요
이렇게 대초원은
외롭거나 심심할 틈이 없습니다
—「빈 들판」전문

겉으로 보기엔 빈 들판처럼 보이는 초원이 실상은 무수한 생명체들이 뿌리내리고 목숨을 이끌어 가는 소중한 삶터이면서 일터이고, 또한 영원한 집이고 고향이라는 대지사상 또는 생명공동체 의식의 확인과 그에 대한 발견의 기쁨과 찬탄이 아름답게 제시된 데서 몽골정신의 빛나는 한 승리를 엿볼 수 있음은 물론이다.


2. 유목의 삶, 생활과 지혜의 재발견

그러기에 이 시집에서 지속적으로 드러나는 것은 유목의 삶과 그 속에서 터득한 삶의 지혜로서 절약과 검소의 미덕이고, 그것들을 통해 깨닫게 되는 만족하는 삶, 가볍게 살아가는 삶에 대한 기쁨의 발견이다.

긴 밤을 자고
이른 아침 천막집 밖으로 나오니
세면대가 놓여 있다
거울도
물 꼭지도 있지만

몹시 작은 물통이 걸린 옹색한 세면대
그 물통에 담긴
한 되 가량의 물로
세수도 양치도 다 해야 한다
물 귀한 대초원에서 물 쓰는 법을 배운다
풍요에 길든 사람들
불편한 비명 질러대지만
그 적은 물은
쓸 만큼 쓰고도 오히려 남는다
삶의 지혜란 바로 이런 것
곰곰 돌이켜 보라
우리는 그동안
느슨하게 풀린 삶으로
얼마나 아쉬움과 만족 모르고
살아온 것인가

—「유목민」 전문

  오늘날 우리의 현대적 삶은 어떠한가? 물질문명의 과도한 범람과 자본주의의 폭력 속에서 각종 공해와 환경오염은 가중돼 가고 나날이 인간적인 생명력과 생명의 존엄성은 위축되고 상실돼 가고 있지 않은가? 그 결과 생명공동체는 급격히 파괴돼 가고 온갖 동식물의 멸종과 절종이 끊임없이 이어져 가고 있는 실정임을 우리는 생생하게 목도하고 있지 않은가?

  그 원인이 과연 무엇인가? 한마디로 말해 인간의 과도한 탐욕과 그로 인한 무분별한 무한 경쟁 및 생태·환경 파괴에서 비롯되는 것이 아니겠는가? 인간의 탐욕과 성냄, 어리석음으로 인해 인간 스스로가 발전시켜 온 물질문명과 과학기술의 발달은 오히려 인간의 생명과 환경을 위협하고 파괴하는 요인으로 작용함으로써 점차 생명공동체는 물론 지구공동체까지도 붕괴시켜 감으로써 여러 가지 형태로 인류의 대재앙을 예고하고 있는 것이 사실 아닌가 말이다.

이 시가 의미를 지니는 것이 바로 그것이다. 물 한 방울의 소중함을 새롭게 인식하고 그것을 통해 절제와 검소의 미덕만이 오늘의 물질만능의 삶, 자본주의의 온갖 폭력과 위협을 극복하고 지혜롭게 살아갈 수 있는 생명의 길임을 강조하고 있는 것이다. "한 되 가량의 물로/ 세수도 양치도 다 해야 한다/ 물 귀한 대초원에서 물 쓰는 법을 배운다/ 풍요에 길든 사람들/ 불편한 비명 질러대지만/ 그 적은 물은/ 쓸 만큼 쓰고도 오히려 남는다/ 삶의 지혜란 바로 이런 것"이라는 핵심 구절에서 볼 수 있듯이 몽골 대초원에서 물 한 방울의 소중함을 다시 인식함으로써 생명의 올바른 지혜를 깨닫고 바람직한 삶의 길을 걸어가고자 하는 것이다. 물 한 방울을 아끼는 것, 그것은 그대로 생각을 아끼고 삶을 아끼는 것이며, 나아가서 목숨을 아끼고 존중하는 것으로서 생명공동체 사상 또는 지구공동체 사상으로 나아가고자 하는 깨어 있는 정신의 반영이 아닐 수 없다. 그렇게 본다면 이 시는 오늘날 우리가 젖어 있는 온갖 물질적 풍요와 자본주의의 소비문화에 대한 탐닉이 생명의 길, 지혜의 길이 아니라 오히려 죽음의 길, 멸망의 길로 접어드는 것임을 엄중히 경고하는 뜻이 담겨 있는 것으로 해석할 수 있음이 분명하다.

그렇다! 대초원에서 더불어 사는 온갖 생명체들의 모습 속에서 우리가 진정 배워야 할 것은 바로 상생의 미덕이고 검약과 절제의 덕목이 아닐 수 없다. 물 한 방울을 아끼는 자세 속에서 오늘날 온갖 풍요를 누리면서도 그것의 고마움을 모르고 살아가는 삶에 대한 반성을 촉구한다. 물 한 방울도 아끼고 절제함으로써 더욱 생명을 아끼고 존중하며 사는 삶의 지혜를 배우고 이를 통해 생명의 기쁨을 누리며 만족하는 삶을 살아가고 싶다는 갈망과 염원을 드러내고 있다는 점에서 의미를 지닌다는 뜻이다.


3. 생활의 재발견 또는 존재의 시, 자유의 시학

몽골시편들이 초원의 시, 유목의 시로서 특성을 지니기에 자연히 그것은 삶 또는 생활의 재발견을 의미하며 따라서 존재의 시, 자유의 시를 지향한다.

> 많은 살림은
> 오히려 거추장스럽습니다
> 새로운 풀밭을 찾아 거처를 옮길 적마다
> 너무 많은 살림은
> 무겁고 불편하기만 합니다
> 착착 개어서 옮기기 쉬운 양털천막
> 그 천막을 세우는 나무토막
> 추운 발을 녹여 주는 난로 하나면 충분합니다

아, 칼 한 자루와
몇 개의 통과 그릇
그리고 몇 가지의 도구와 연장은
있어야 합니다
당신들은 너무나 많은 살림 때문에
살아가기가 불편하다지요
간소하게 살아가는 법을
여기 와서 배우세요
정말입니다

―「간소한 살림」 전문

몽골시편들이 일깨워 주는 가장 큰 미덕은 그것들이 진정한 삶의 길이 어떠한 것이며 어떠해야 하는가를 보여 준다는 점이다. 그것은 한마디로 소유의 삶이 아니라 존재를 누리는 삶의 길이며, 탐욕과 구속의 삶이 아니라 해방과 자유의 삶이라고 요약할 수 있다. 그 점에서 온갖 욕망과 성냄, 어리석음의 삼독三毒과 애착, 집착, 원착怨着으로서 삼착三着에 빠져 살아가는 오늘날 우리의 삶에 대한 경종과 계고의 의미를 지닌다고 하겠다.

실상 그렇지 않은가? "많은 살림은/ 오히려 거추장스럽습니다/ (…)/ 너무 많은 살림은/ 무겁고 불편하기만 합니다"와 같이 욕망으로서의 삶, 탐욕에 갇혀 사는 삶의 길은 무겁기 짝이 없고 거추장스럽기만 한 것이 사실이다. 편안하고 자유로운 삶, 만족감, 행복감을 느끼며 살아가는 텅 빈 충만의 삶이 아니라 소유에 매이고 욕망에 지배되어 그야말로 삶의 노예가 돼서 살아가고 있는 모습에 해당한다.

그렇다. 삶이란 어쩌면 "양털천막/ 난로 하나/ 칼 한 자루/ 몇 가지의 도구와 연장"만 있으면 필요조건이 충족되고 충분조건 또한 어느 정도 채워지는 것 아닌가. 그런데도 탐욕과 성냄, 어리석음으로 눈멀고 집착과 애착, 원망으로 귀멀어서 불구 아닌 불구의 삶, 삶의 주인이 아니라 죄수처럼 살아가고 있는 게 현대인의 실존의 모습이 아닌가 하는 뜻이다. 참다운 삶, 진정한 나는 물질과 탐욕에 가리워져서 어느새 사라져 버리고 허깨비만 살아서 삶의 노예, 물질의 종으로 살아가고 있다는 뜻이다.

그러기에 시인은 "당신들은 너무나 많은 살림 때문에/ 살아가기가 불편하다지요/ 간소하게 살아가는 법을/ 여기 와서 배우세요/ 정말입니다"라는 결구를 통해 삶의 의미가 소유와 욕망의 충족에 있는 것이 아니라 어떻게 존재의 의미를 발견하고 그 속에서 만족감, 행복감을 느낄 수 있느냐 하는 데 달려 있음을 소중하게 일깨워 준다.

> 밥
> 한 덩이와
> 고기 한 토막과
> 붉고 푸른 푸성귀 몇 점이
>
> 접시에 담겨
> 내 앞에 다가왔다

> 우리는 무슨 인연으로
> 이렇게 마주 대면하게 되었느뇨
>
> 우리의 만남을
> 더욱 살뜰히 엮어가기 위하여
> 나는 수저를 들고
> 너를 내 안으로 왕성하게
> 쓸어 담는다
>
> 우리는 마침내 하나가 된다
>
> ―「아침 식사」 전문

그렇다! 우리는 밥 한 그릇에서 생명의 기쁨을 느끼고 반찬 몇 점, 물 한 잔에서 살아 있음의 만족감과 행복감을 얻는다. 그러면서 나를 있게 하는 그러한 것들과의 만남, 인연의 의미와 고마움을 생각하는 그런 삶을 살아가고 있는 데서 삶의 보람과 가치를 느끼게 마련이다. 나의 생명을 유지하기 위해 먹는 밥 한 그릇, 물 한 잔의 의미 속에서 상대적 존재의 소중함을 인식하고 생명의 기쁨과 우주만물이 결국은 하나라고 하는 '세계일화(世界一花)'의 참뜻을 깨치는 데서 참된 삶의 길, 지혜의 길이 놓여질 수 있음을 시인은 "우리는 마침내 하나가 된다"라는 결구를 통해 확실하게 제시해 주고 있는 것이다.

이 점에서 이 몽골시편들은 오늘날 우리가 스스로 참된 존재의 의미와 삶의 보람 및 가치를 느끼고 깨달음으로써 진정한 지혜의 길, 생명의 길을 가야 한다는 점을 역설함으로써 인간해방과 자유에의 길을 강조하고 있는 데서 그 의미를 지닌다고 하겠다.

### 4. 말馬의 시학, 남성적 생명력 또는 대륙적인 기상을 위하여

여기에서 한 가지 이번 몽골시편들에서는 생명력의 원초적 상징으로서 말의 시학이 집중적으로 형상화되고 있음을 볼 수 있어 관심을 환기한다.

> 나는 너를 타고
> 천천히 산길로 오른다
> 콧김을 씩씩 내뿜으며 너는
> 무척 힘들겠지
> 하지만 네 아버지와 할아버지도 그랬듯이
> 너는 전혀 내색하지 않는다
>
> 나를 만나게 하려고
> 주인은 네 갈기를 가위로 깔끔하게 다듬었다
> 갈기 사이로 벌써 새 털이 돋는구나
> 두 귀는 쫑긋
> 혹시나 가까운 곳에 숨어 있을지 모를
> 늑대 소리에 귀기울이네
>
> 네 입엔
> 쇠를 두드려 만든 재갈이 물려 있어서

무척 괴롭겠지
여물인들 제대로 씹을 수 있겠니
네 머리를 묶은 노끈은
터벅터벅 걸어온 너의 세월만큼이나 낡았구나

그런데도
너는 거침없이
산길을 오르고 강물도 첨벙첨벙 건넌다
말아
조금만 쉬다 가자
잠시라도 네 옆의 풀을 뜯어먹으렴
—「말을 타고」 전문

 우리 현대시사에서 말은 다른 식물심상들이나 소 등에 비해 비교적 출현 빈도가 낮은 편에 속한다. 말이 지닌 빠른 기동성과 역동성 그리고 넘치는 생명력과 대륙적인 기상이 꽃과 새, 달과 별 등의 소재가 중심이 돼 온 한국현대시사에서는 비교적 거리감이 있는 대상에 속하는 것이기 때문이다.

 정지용의 "말아, 다락 같은 말아/ 너는 즘잔도 하다/ 너는 왜 그리도 슬퍼 뵈니?/ 말아 사람편인 말아/ 검정 콩 푸렁 콩을 주마// 이 말은 누가 난 줄도 모르고/ 밤이면 먼 데 달을 보며 잔다"(「말」 전문)라는 시가 있으나 여기서 말은 소극적, 수동적인 형상성을 지닐 뿐이다. 다만 이육사의 경우에 "다시 천고天古의 뒤에/ 백마白馬 타고 오는 초인超人이 있어/ 이 광야에서 목놓아 부르게 하리라"라는 시 「광야」에서 말이 인상적으로 등장함을 볼 수 있을 정도이다. 이육사가 만주벌판에서 독립운동을 전개했기에 그의 시에 남성적 생명력과 대륙적 기상을 엿볼 수 있음은 물론이다. 그만큼 대륙적 기상, 남성적 생명력의 상징으로서 말의 상징성은 우리 시사와는 어느 정도 거리가 있는 것으로 여겨져 온 것이 사실이라 하겠다.

여기에서 시인이 말을 집중적으로 노래하는 것의 의미가 드러난다. 그것은 문명적 삶 속에서 나날이 생명력과 활력을 잃어가는 오늘날 우리의 위축된 삶에 힘찬 생명력과 대륙적인 기상을 일깨워 줌으로써 건강한 삶, 활력이 넘치는 삶의 길로 나아가는 것이 이 시대에 얼마나 소중한 명제일 것인가를 각성시켜 주고 있는 것으로 이해되기 때문이다.

> 엉덩이가/ 튼실한 몽골 처녀 둘이/ 엉덩이에 토실토실 살 오른 말을 타고/ 마을로 돌아간다/ 얼굴과/ 소매 끝으로 드러난 팔뚝이/ 햇볕에 검게 타서 구리로 만든 것 같다/ 치렁치렁한/ 긴 머리채를 묶어/ 끈으로 질끈 잡아맨 모습이/ 너펄거리는 말꼬리와 너무도 닮았다/ 말이 말을 타고 가는 것 같다
>
> ―「말 탄 처녀」 부분

> 포장도로에서/ 흙 길로 접어들어 한참을/ 올라가면 보이는 초라한 천막집이 있었다// 말떼를 몰고/ 주인은 멀리 풀 뜯기러 갔는지/ 여러 번 불러도 대답 소리 들리지 않고/ 대신 나타난 녀석이 있었다// 어미를 잃었는지/ 슬픈 눈의 망아지 한 마리/ 자꾸만 내게 몸 기대고/ 몸 비비며 떨어질 줄 몰랐다// 나는 어릴 적 내 모습을/ 보는 듯했다/ 가

숨이 온통 미어졌다

—「망아지」 전문

말아/ 들판에 혼자 서서/ 무슨 생각을 하고 있노// 문門자 처럼 엮어 세운 말뚝에 고삐를 묶어서/ 말아 너는 지그시 눈을 감고/ 무얼 생각하노

—「말」 부분

한편 말은 말 자체로서의 존재성과 상징성을 지니면서도 인간과의 관계 속에서 동일시를 이루기도 하고 인간의 대리자아 또는 시인의 객관적 상관물로서 존재하기도 한다. 그만큼 다양하고 깊이 있게 말이 시의 소재, 제재, 주제로서 형상화되고 있다는 뜻이 되겠다. 그러나 말은 무엇보다도 힘찬 남성적 생명력, 또는 대륙적 기상의 표상성을 지니는 데서 확실한 의미가 드러난다.

앞의 인용시에서 "나는 너를 타고/ 천천히 산길로 오른다/ 콧김을 씩씩 내뿜으며 너는/ 무척 힘들겠지/ 하지만 네 아버지와 할아버지도 그랬듯이/ 너는 전혀 내색하지 않는다// (…)// 그런데도/ 너는 거침없이/ 산길을 오르고 강물도 첨벙첨벙 건넌다"(「말을 타고」 부분)라는 구절에서 보듯이 말은 삶을 짓누르는 온갖 운명의 무게, 실존의 무게에도 불구하고 힘차게 운명을 극복하고 실존을 넘어서 목숨의 본성을 다해 나아가려는 힘찬 생명력으로서 상징성을 지니는 것이다.

실상 이번 시집에는 「말떼와 더불어」, 「망아지」, 「말」, 「내 말이 몽골에 있다」, 「말 탄 처녀」, 「몽골 소년」, 「여름나기」,

「발견의 기쁨」 등 많은 시편들이 말을 통해서 남성적 생명력의 솟구침과 대륙적인 기상의 당당함을 보여 주고 있다는 점에서 우리는 그의 이러한 시편들을 '말의 시학'이라고 불러 볼 수도 있으리라. 말은 그의 시집에서 대륙적 기상의 상징이자 현실적인 생명력의 추동력으로 작용하면서 때로는 반성적 사유의 매개물이자 존재의 객관적 상관물로서의 의미를 지닌다. 나아가서 수동적 정서 여성심상 위주로 전개돼 온 이 땅 현대시사에 이 말 시편들이 새로운 활로 또는 가능성을 열어 젖힐 수 있다는 점에서 소중하게 평가돼야 마땅하리라 생각한다.

### 5. 사랑의 시, 평화의 시학

이동순 몽골시편들이 궁극적으로 지향하는 것은 결국 사랑의 소중함에 대한 재발견이자 평화의 아름다움에 대한 재발견이라고 요약해 볼 수 있겠다.

그의 시는 생명의 소중함에 대한 재발견에서 시작되어 그것을 키워 주는 현실적인 바탕이자 힘으로서 사랑의 시학과 자유의 시학을 통과하면서 궁극적인 면에서 평화의 시학으로 집중되는 것으로 해석되기 때문이다.

① 소 두 마리가
　풀밭에 마주 서서

서로의 등을 핥아 주고 있습니다
긴 혀를 내밀어
이마와 얼굴과 목과 등을
말끔히 닦아주고 구석구석 핥아 줍니다
두 녀석은
친구 사이인지
어미와 자식간 인지
아니면 사랑에 빠진 암수 놈인지
얼른 분간이 되질 않습니다
하지만 저 두 녀석은
서로 핥아 주고 몸 부비는 동안
외롭지 않습니다
그 어떤 힘들고 고달픈 일 있어도
결코 어렵지 않습니다
이 광막한 대초원에
오직 그들 두 마리뿐이라 해도
세상은 가득할 것입니다

—「사랑이라는 것」 전문

② 녀석은
풀을 뜯다가
곁눈질로 나를 본다
나는 풀밭에 잠시 자전거를 눕혀 놓고
쪼그리고 앉아서
녀석을 본다
우리는 이 시간
대초원의 한 곳에 같이 있다

나에겐 다만 그것이 중요할 뿐이다
녀석은 숱 많은 꼬리를 좌우로 흔들어
바람을 휘젓는다
조용한 저녁 시간에
녀석이 풀 씹는 소리가 사각사각 들린다
짙은 갈색 말 등으로
어둠이 내린다
멀리 작은 게르들도
저녁의 평화 속으로 잠겨든다

—「저녁의 평화」 전문

 이 두 편의 시에는 이동순 몽골시편의 지향점이 선명히 드러나 있다. 그 한 가지는 사랑의 소중함에 대한 재발견이고 다른 하나는 그 아름다움에 대한 재발견이라 할 수 있겠다.

 먼저 시 ①에는 사랑의 의미가 제시된다. 그것은 평화가 무에 그리 뜨겁고 거창하며 폭발적인 것이라기보다는 조용하고 은밀하며 다정하게 몸과 마음을 나누고 함께하는 일이라는 뜻을 담고 있는 것으로 풀이된다. "소 두 마리가/ 풀밭에 마주 서서/ 서로의 등을 핥아" 주고 "이마와 얼굴과 목과 등을/ 말끔히 닦아 주고 구석구석 핥아"주는 그런 잔잔한 모습일 뿐이다. 그러노라면 "저 두 녀석은/ 서로 핥아 주고 몸 부비는 동안/ 외롭지 않습니다/ 그 어떤 힘들고 고달픈 일 있어도/ 결코 어렵지 않습니다"와 같이 사랑으로 인해 삶의 외로움과 고달픔으로서의 삶의 난관과 역경을 이겨낼 수가 있는 힘을 마련하게 되는 것이다. 아울러 "이 광막한 대초원에/ 오직 그들 두 마리뿐이라 해도/ 세상은 가득할 것입니다"에서 보듯이 사랑이야말로 삶을 스스로 충만하고 행복하게 해주며, 사랑을 통해서 삶은 비로소 필요·충분 조건이 모두 달성됨으로써 완성될 수 있다는 사랑의 의미에 대한 소중한 재발견을 성취하게 된다. 사랑은 생명을 낳고 자라게 하며, 완성시켜 주는 우주 에너지이자 불멸의 혼이라는 인식을 담고 있는 것이다.

시「보금자리」에서도 "망망한 대초원에/ 두루미 두 마리 내려앉았습니다/ 이제 빈 들판은/ 두루미 두 마리로 가득합니다/ (…)/ 캄캄한 어둠 속에서/ 두루미 두 마리는 긴 목을 마주 겯고/ 서로의 날갯죽지에/ 머리를 박고 잠이 듭니다/ 오, 포근한 보금자리/ 녀석들의 다리 밑엔 따뜻한 알이/ 콜콜 잠들어 있습니다/ 들판엔 머지않아/ 밝은 두루미의 세상이 오겠지요"(「보금자리」부분)와 같이 사랑이야말로 모든 생명의 시원이고 우주생명력의 시작이라는 뜻이 강조된다. 특히 여기서는 사랑이 온전히 꽃 피고 열매 맺기 위해서는 그 바탕이자 조건으로서 평화가 얼마나 소중한 것인가 하는 데 대한 인식이 제시돼 관심을 환기한다. 특히 "오, 포근한 보금자리/ 녀석들의 다리 밑엔 따뜻한 알이/ 콜콜 잠들어 있습니다/ 들판엔 머지않아/ 밝은 두루미의 세상이 오겠지요"라는 결구 속에는 사랑이 생명을 낳게 하는 시작이고 그것을 키워 주는 원동력이며, 그러기에 평화가 그것을 이루게 하고 지켜 줄 수 있는 기본적이면서도 궁극적인 힘이 된다는 점을 일깨워 준다.

말하자면 결국 생명과 사랑과 평화가 한통속이며 운명적인 상관관계 속에 놓여지고, 비로소 완성돼 가는 것이라는 점에 대한 재발견과 확신을 담고 있는 것이라 하겠다.

  시 ②에서 말이 한가로이 풀을 뜯는 일, 내가 마음놓고 초원에서 자전거를 탈 수 있는 일, 말이 꼬리를 휘저어 바람을 흔드는 일, 말이 사각사각 풀 씹는 소리를 들을 수 있는 일 등이, 그리고 우리가 "말 등으로/ 어둠이 내린다/ 멀리 작은 게르들도/ 저녁의 평화 속으로 잠겨"드는 모습을 볼 수 있는 모든 것들이 평화 속에서 가능한 일이며, 바로 그것이 평화의 참 뜻이라는 뜻이 담겨져 있는 것으로 풀이된다.

### 맺음말

  이렇게 본다면 이동순의 신작 시집 『발견의 기쁨』은 바로 몽골초원과 그 속에서의 삶의 풍정들을 통해서 생명의 의미를 새로이 깨닫고 삶의 지혜와 그 소중함을 재발견하는 내용으로 형성·전개되고 있음을 확인하게 된다.

  그것은 궁극적으로 생명력의 회복과 인간성의 확립으로 집중됨으로써 이 시대의 참된 생명과 부활의 찬가로서의 의미를 지닌다. 온갖 기계문명의 범람과 자본주의, 물질주의의 홍수 속에서 나날이 상실돼 가는 생명력과 위축돼 가는 인간성의 회복을 통해 복락원과 부활의 꿈을 노래하고 있다는 뜻이다.

  오늘날에 이르러 생명의 위기는 바로 문학의 위기, 시의 위기이고 또한 인간성의 위기이며 나아가서 역사의 위기, 인류사의 위기에 해당한다고 말해도 과언이 아니다. 이런 즈음에 이동순 시인이 이러한 몽골시편들을 통해 강조하고 있는 생명공동체의 시학, 존재와 자유의 시학, 말의 시학, 그리고 사랑과 평화의 시학은 혼돈과 온갖 미망에 사로잡혀 있는 현대적 삶에 지혜를 일깨워 주는 동시에 현대시에 대한 활로를 제시해주고 있다는 점에서 소중한 의미를 지니는 것으로 판단된다.

그래서 그런지 그의 아름다운 몽골시 한 편이 조용히 울려와서 사랑과 평화의 소중함과 아름다움을 잔잔히 일깨워 주고 있어 살아 있는 자의 평화와 행복감을 느끼게 해준다.

> 흙과
> 작은 풀꽃들과
> 흘러가는 바람과 구름더미
> 한 번씩 콧김 푸르르 내뱉는 말떼
>
> 그 밖에
> 아무 소리도 들리지 않는 곳에
> 무연히 흘러가는 대초원
> 푸른 하늘 끝자락과 아득히 맞닿은 그 아래로
> 가물가물 보이는 천막집
>
> 물끄러미 먼 곳을 바라보는 어린아이
> 그 아이 등뒤로 뉘엿뉘엿
> 해가 떨어지는
> 지평선
>
> ―「풍경화」 전문

시인 이동순/ 李東洵

1950년 경북 김천 출생
경북대 국문과 및 동 대학원 졸업(문학박사)
1973년 〈동아일보〉 신춘문예에 시로 등단
1989년 〈동아일보〉 신춘문예에 평론으로 등단
시　집:『개밥풀』『물의 노래』『철조망 조국』『그 바보들은 더욱 바보가 되어간
다』『꿈에 오신 그대』『봄의 설법』『가시연꽃』『아름다운 순간』『마음의
사막』『미스 사이공』『홍범도』(전5부작 10권) 등
평론집:『민족시의 정신사』『한국인의 세대별 문학의식』『우리 시의 얼굴 찾기』
등과 편저『박세영시전집』『조명암시전집』『이찬시전집』등
산문집:『시가 있는 미국기행』『번지 없는 주막-한국가요사의 잃어버린 번지를 찾
아서』 등
신동엽창작기금 · 난고문학상 · 시와시학상 등 수상
충북대 국문과 교수, 미국 시카고대 동아시아학과 연구교수 역임
현재 영남대 국문과 교수

E-mail: dslee50@hanmail.net


# 발견의 기쁨

지은이 | 이동순
펴낸이 | 설보혜
펴낸곳 | 시학 Poetics
1판1쇄 | 2009년 11월 10일
출판등록 | 2003년 4월 3일
주소 | 서울 종로구 명륜동1가 42
전화 | 744-0110
FAX | 3672-2674

값 10,000원

ISBN 978-89-91914-68-1  03810

* 저자와의 협의에 의해 인지를 생략합니다.
* 잘못된 책은 바꾸어 드립니다.